APOLOGIE

DE

NAPOLÉON,

SUIVIE DU TABLEAU

DE

SES SOUFFRANCES

A SAINTE-HÉLÈNE;

Par le Comte de LAS-CASES.

TRADUIT DE L'ANGLAIS.

A PARIS,

A LA LIBRAIRIE DÉPARTEMENTALE,
Rue Villedot, N°. 4.

1821.

INTRODUCTION.

Comme si tout devait être singulier dans la destinée de l'homme extraordinaire que la France regrette, c'est encore sous cet aspect que se présente l'aventure du comte de Las-Cases, l'un de ses *fidèles*. Dans un moment où la douleur publique éclate par l'admiration, nous croyons servir l'une et l'autre, en retraçant cet épisode remarquable d'une vie si pleine de merveilles. M. de Las-Cases, contrevenant, sans s'en douter, aux ordres ou plutôt aux intentions du minutieux geolier auquel la dignité diplomatique avait donné le titre de gouverneur, M. de Las-Cases, fatigué d'une suite interminable de petites vexations, érigées en système, avait porté ses justes plaintes au prince régent. Conjecturant avec quelque vraisemblance, que plus l'autorité est élevée, moins elle est mesquine et trembleuse, et que le chef d'une nation libre n'est pas inaccessible aux idées d'honneur, aux sentimens de générosité, le réclamant avait eu la précaution d'envoyer toute ouverte la dépêche qui contenait ses plaintes, et de la faire passer par l'intermédiaire de sir Hudson Lowe. Mais, comme l'a très-judicieusement remarqué l'auteur de la *Relation de la maladie et de la mort de Napoléon Bonaparte* (1), la grandeur d'ame ne fut jamais comprise dans la consigne de ce geolier : il confisqua la lettre au passage, et se chargea d'y faire une réponse digne de lui, en déportant son auteur au cap de Bonne-Espérance. Nous ne ferons point la moindre réflexion sur cet acte arbitraire qui fut tout à la fois une lourde bêtise et une noire méchanceté : le grand jour de l'histoire se lève sur la tombe des illustres persécutés, et pour punir leurs bourreaux, elle se contente de raconter leurs crimes. Celui de sir Hudson fut bientôt dénoncé au parlement d'Angleterre, par le courageux ami de Napoléon (2); toute l'Europe aurait re-

___

(1) Brochure intéressante et remplie de faits authentiques et de mots qui caractérisent Napoléon : elle a été publiée par la Librairie départementale, et se trouve rue Villedot, n°. 4.

(2) Tout le monde a pu remarquer que de ceux qui ont suivi, non l'empereur, mais Napoléon, sur son rocher, aucun n'avait reçu de lui de bienfaits, tandis que parmi les traîtres qui l'ont livré ou les lâches qui le diffament, les plus lâches et les plus traîtres sont ceux qu'il accabla de richesses, d'honneurs et de dignité. Nous ne nommons personne, pour n'avoir pas à tracer toutes les lettres de l'alphabeth.

tenti de son indignation, si je ne sais quelle crainte stupide n'avait comme entouré les états d'une ligne de douanes, où d'imbéciles commis appelés censeurs, arrêtent, confisquent et mutilent sa pensée. Celle du généreux Las-Cases fut donc saisie, et, comme en exprimant sa vénération pour l'auguste captif et l'honneur de ses geoliers, elle n'était que l'écho de l'opinion universelle, cette pensée fut séquestrée comme marchandise prohibée. Mais enfin le prétexte d'une vie glorieuse, d'une existence redoutable, ne peut plus être allégué à travers les barrières de paille de ce despotisme de marionnettes ; la voix de l'opinion tonne à coups redoublés ; le jour des révélations commence, et l'histoire écrira bientôt sous la dictée de la vérité.

Nous prévenons ses désirs en publiant une grande partie de la pétition de M. Las-Cases, pétition d'autant plus célèbre qu'elle fut moins connue. Croira-t-on que, parmi la respectable congrégation de ces diplomates qui font le destin des empires en chiffrant avec de l'encre sympathique et en amolissant des cachets, croira-t-on qu'il ait respiré des êtres pour lesquels l'existence politique et les travaux de Napoléon fussent comme non avenus ? Il est vrai que ce sont ces mêmes individus qui, parce qu'ils n'ont pas bougé depuis trente ans, se persuadent que le temps fut immobile; gens à culottes courtes, en habit brodé, décoré de toutes les breloques dont la complaisance des princes caresse leur sotte vanité, et qui, sous une chevelure à l'oiseau royal et poudrée à frimas, conservent précieusement ces honnêtes préjugés qui, au bon vieux temps, faisaient la raison publique.

A ces dignes représentans de l'ignorance, des erreurs et de la stupidité, qui demandaient par l'organe du ministère anglais, trop éclairé pour partager leurs absurdités, mais assez habile pour en profiter; qui demandaient, dis-je, *Ce qu'était Napoléon, et quels étaient ses titres, pour qu'on réclamât si fortement en sa faveur?* Que répondit-on!.. L'Europe est debout, les rois règnent, et la civilisation marche, aurait répondu un publiciste ! Vous vivez, aurait-on pu ajouter ; vous que l'incendie toujours croissant des révolutions attirait et dévorait ; vous vivez pour insulter à votre sauveur, et la preuve de sa puissance et de sa magnanimité est précisément votre ingratitude. Le pétitionnaire crut devoir s'expliquer avec plus de développement ; voici ce qu'il opposait à cette impertinente objection.

APOLOGIE
DE NAPOLÉON.

« Napoléon est la première, la plus étonnante destinée de l'histoire. C'est homme de la renommée, celui des prodiges, le héros des siècles, son nom est dans toutes les bouches, ses actes agitent toutes les imaginations, sa carrière demeure sans parallèle. Quand César médita de gouverner sa patrie, César en était déjà le premier par sa naissance et ses richesses. Quand Alexandre entreprit de subjuguer l'Asie, Alexandre était roi et fils d'un roi qui avait préparé ses succès. Mais Napoléon s'élançant de la foule pour gouverner le monde, se présente seul, sans autres auxiliaires que son génie. Ses premiers pas dans la carrière, sont autant de merveilles; il se couvre aussitôt de lauriers immortels, et règne dès cet instant sur tous les esprits; idole de ses soldats, dont il a porté la gloire jusqu'aux nues, espoir de la patrie, qui, dans ses angoisses, pressent déjà qu'il sera son libérateur ; et cette attente n'est point trompée. A sa voix expirante, Napoléon interrompt ses mystérieuses destinées, accourt des rives du Nil ; il traverse les mers, au risque de sa liberté et de sa réputation ; il aborde seul aux plages françaises ; on tressaille de le revoir ; des acclamations, l'allégresse publique, le triomphe, le transportent dans la capitale. A sa vue, les factions se courbent, les partis se confondent ; il gouverne ; et la révolution est enchaînée.

» Le seul poids de l'opinion, la seule influence d'un homme, ont tout fait. Il n'a pas été besoin de combattre ; pas une goutte de sang n'a coulé, et ce ne sera pas la seule fois qu'un tel prodige signalera sa vie....

» A sa voix, les principes désorganisateurs s'évanouissent, les plaies se ferment, les souillures s'effacent, la création semble encore une fois sortir du chaos.

» Toutes les folies révolutionnaires disparaissent, les seules grandes et belles vérités demeurent. Napoléon ne connaît aucun parti ; aucun préjugé n'entache son administration. Toutes les opinions, toutes les sectes, tous les talens se groupent autour de lui, un nouvel ordre de choses commence. La nation respire et le bénit, les peuples l'admirent, les rois le respectent, et l'on est heureux : l'on va s'honorer de nouveau d'être Français.

» Bientôt on l'éleva sur le trône : il devint Empereur, chacun connaît le reste. On sait de quel lustre, de quelle puissance il honora sa couronne. Souverain par le choix des peuples, consacré par le chef de la religion, sanctionné par la main de la victoire ; quel chef de dynastie rassembla jamais des titres aussi puissans, aussi nobles, aussi purs. Qu'on recherche. . . . . . .

» Tous les souverains se sont alliés à lui par le sang ou par les traités ; tous les peuples l'ont reconnu. Anglais, si seuls vous faites une exception, cette exception n'a tenu qu'à votre politique ; elle n'a été qu'une affaire de forme ; bien plus, vous êtes précisément ceux qui aurez vu dans Napoléon les titres les plus sacrés, les moins contestables. Les autres puissances auront pu obéir, peut-être, à la nécessité ; vous, vous n'aurez fait que vous rendre à vos principes, à votre conviction, à la vérité. Car telles sont vos doctrines, que Napoléon, quatre fois l'élu d'un grand peuple, a dû nécessairement, malgré vos dénégations publiques, se trouver souverain dans le fond de vos cœurs....

Or, Napoléon n'a perdu que son trône. Un revers l'en a arraché, le succès l'y eût fixé pour jamais. Il a vu marcher contre lui 1,100,000 hommes ; leurs généraux, leurs souverains ont proclamé partout qu'ils n'en voulaient qu'à seule sa personne. Quelle destinée!.... Il a succombé, mais il n'a perdu que le pouvoir; tous ses caractères augustes lui demeurent, et commandent le respect des hommes. Mille souvenirs de gloire le couronnent toujours, l'infortune le rend sacré, et dans cet état de choses, le véritable homme de cœur n'hésite pas à le considérer comme plus vénérable, sur son rocher qu'à la tête de 600,000 hommes, imposant des lois. Voilà quels sont ses titres.

« Vainement, les esprits bornés, ou les cœurs de mauvaise foi, voudraient le charger comme de coutume d'être la cause offensive de tous les maux, de tous les troubles dont nous avons été les témoins ou les victimes. Le temps des libelles est passé. La vérité doit avoir son tour. Déjà les nuages du mensonge s'éclaircissent devant le soleil de l'avenir. Un temps viendra qu'on lui rendra pleine justice, car les passions meurent avec les contemporains; mais les actes vivent avec la postérité, qui n'a point de bornes. Alors on dira que les grandes actions, que les grands biens furent de lui ; que les maux furent ceux du temps et de la fatalité. Qui, en effet, ne commence à voir aujourd'hui que, malgré sa toute-puissance, il n'eut jamais le choix de sa destinée ni de ses moyens! que constamment armé pour sa propre défense, il ne recula sa destruction que par des prodiges toujours renaissans; que dans cette lutte terrible, on lui rendait obligatoire de tout soumettre s'il voulait survivre et sauver la grande cause nationale. Qui, parmi vous, Anglais, songe à nier surtout cette dernière vérité ? N'a-t-on pas mainte fois, parmi vous, proclamé la *guerre-viagère ?* vos alliés secrets n'avaient-ils pas dans le fond du cœur ce que votre position vous permettait de dire tout haut ? Ne se vante-t-on pas encore en cet instant, que vous l'eussiez combattu tant qu'il aurait subsisté ? Ainsi, toutes les fois qu'il vous a proposé la paix, soit que ses offres fussent sincères, soit qu'elles ne le fussent pas, on s'en importait peu chez vous. Votre décision était arrêtée. Quel parti, dès lors, lui restait-il donc, et quels reproches pourrait-on hasarder contre lui, dont on ne fût déjà coupable soi-même ? Et qui aujourd'hui prétendrait encore mettre en avant le reproche banal de son ambition ? Qu'a-t-elle donc eu de si neuf, de si extraordinaire, et surtout de si exclusif dans sa personne ?

» Etouffait-elle en lui le sentiment ? Quand il disait à l'illustre Fox, que désormais les lois, les mœurs, le sang, faisaient tellement de l'Europe une même famille, qu'il ne pouvait plus y avoir de guerre, que ce ne fût une guerre civile.

» Etait-elle irrésistible, quand nous peignant tous ses inutiles efforts pour empêcher la rupture du traité d'Amiens, il concluait que l'Angleterre, malgré tous ses avantages d'aujourd'hui, gagnerait pourtant encore à s'y être tenue ; que toute l'Europe y eût gagné, que lui seul peut-être, son nom et sa gloire y eussent perdu.

» Etait-elle incapable d'altération, quand on lui a entendu dire: « Je revenais de l'île d'Elbe » un tout autre homme. On ne l'a pas cru pos- » sible, et l'on a eu tort. Je ne fais pas les » choses de mauvaise grâce ni à demi. J'eusse » été tout à fait le monarque de la constitu- » tion et de la paix. »

» Etait-elle insatiable, quand après la victoire dont il se regardait comme certain, à Waterloo, sa première parole aux vaincus, allait être à l'instant même, l'offre du traité de Paris, et une union sincère et solide qui, confondant les intérêts des deux peuples, eût assuré l'empire des mers à l'Angleterre, et forcé le continent au repos ?

» Etait-elle aveugle et sans motifs, quand, après son désastre, passant en revue les conséquences politiques qu'il avait tant prévues, et frémissant des probabilités de l'avenir, il s'écriait : « Il n'est pas jusqu'aux Anglais même, » qui auront peut-être à pleurer un jour d'avoir » vaincu à Waterloo. »

» Et qui pourrait donc songer désormais à revenir avec avantage sur cette ambition? Ce ne saurait être les peuples, tout frappés qu'ils sont de la conduite de ceux qui l'ont renversé. Serait-ce les souverains? Mais ceux qui ne parlaient que de justice avant le combat, quel usage ont-ils fait de la victoire? Qu'on cesse donc de répéter d'oiseuses allégations. Elles purent être un excellent prétexte ; elles seraient de pitoyables justifications. Qu'on se contente d'avoir vaincu !

» Mais je m'emporte. Où m'entraîne la force de la vérité, la chaleur du sentiment, l'élan du cœur !...... »

TRÉSORS DE NAPOLÉON.

Lord Bathurst, en s'opposant au succès des demandes de M. Las-Cases, prétendait que Napoléon avait des fonds placés dans toutes les banques de l'Europe, et il répétait avec affectation, cette expression : *Les trésors de Napoléon.* Un publiciste a recueilli la réponse du défenseur de ce prince, et nous la consignons ici telle qu'on la lit dans l'*Introduction à l'Histoire de l'Empire français*, par M. Regnault Warin.

« Voulez-vous connaître les trésors de Napoléon ? Ils sont immenses il est vrai, mais exposés au grand jour ; les voici :

» Le beau bassin d'Anvers, celui de Flessingue, capable de contenir les plus nombreuses escadres et de les préserver des glaces de la mer ; les ouvrages hydrauliques de Dunkerque, du Havre, de Nice ; le gigantesque bassin de Cherbourg ; les ouvrages maritimes de Venise ; les belles routes d'Anvers à Amsterdam, de Mayence à Metz, de Bordeaux à Bayonne ; les passages du Simplon, du Mont-Cénis, du

Mont-Genèvre, de la Corniche, qui ouvrent les Alpes dans quatre directions : ces passages qui surpassent en hardiesse, en étendue, en grandeur, en effort de l'art, et surtout en utilité, tous les travaux des Romains. Les routes des Pyrénées aux Alpes, de Parme à la Spésia, de Savone au Piémont; les ponts d'Iéna, d'Austerlitz, des Arts, de Sèvres, de Tours, de Roane, de Lyon, de Turin, de l'Isère, de la Durance, de Bordeaux, de Rouen, etc., etc. Le canal qui joint le Rhin au Rhône, par le Doubs, unissant les mers de Hollande avec la Méditerranée; celui qui unit l'Escaut à la Somme, joignant Amsterdam à Paris; celui qui joint la Rance à la Vilaine; le canal d'Arles, celui de Pavie, celui du Rhin ; le desséchement des marais de Bourgoin, du Cotentin, de Rochefort; le rétablissement de la plupart des églises démolies pendant la révolution, l'élévation d'un grand nombre de nouvelles ; la construction d'un nombre considérable d'établissemens d'industrie et d'ateliers pour l'extirpation de la mendicité; la création des dépôts pour le même objet et pour arriver à ce résultat. L'achèvement du Louvre, la construction des Greniers publics, du palais de la Bourse, du canal de l'Ourcq, la distribution de ses eaux dans la ville de Paris, par plusieurs châteaux d'eau, un certain

nombre de fontaines du premier ordre, et un nombre immense de bornes-fontaines ; les nombreux égoûts ; quatre mille toises de quais ; les embellissemens et les monumens de cette grande capitale ; les travaux pour l'embellissement de Rome ; le rétablissement des manufactures de Lyon ; la création de plusieurs centaines de manufactures de coton, de filature, de tissage, qui emploient plusieurs milliers d'ouvriers ; des fonds accumulés pour créer plus de quatre cents manufactures de sucre de betteraves pour la consommation d'une partie de la France, qui auraient fourni du sucre au même prix que celui des Indes, si elles eussent continué d'être encouragées seulement encore quatre ans. La substitution du pastel à l'indigo, qu'on fût venu à bout de se procurer en France, avec la même perfection et à aussi bon marché que cette production des Colonies. Nombre de manufactures pour l'usage de toute espèce de procédés d'arts applicables, selon la théorie des sciences anciennes et perfectionnées, et des sciences nouvelles. Cinquante millions employés à réparer et à embellir les palais de la couronne. Soixante millions d'ameublement placés dans les palais de la couronne en France, en Hollande, à Turin, à Rome ; soixante millions de
diamans

diamans tous achetés avec l'argent de Napoléon ; le *Régent* même, le seul qui restât des anciens diamans de la couronne de France, ayant été retiré par lui des mains des Juifs de Berlin, auxquels il avait été engagé pour trois millions. Le Musée Napoléon, estimé à plus de quatre cent millions, et ne contenant que des objets légitimement acquis, ou par de l'argent, ou par des conditions de traités de paix connus de tout le monde, en vertu desquels ces chefs-d'œuvre furent donnés en commutation de territoires ou de contributions. Plusieurs millions amassés pour l'encouragement de l'agriculture, qui est l'intérêt premier de la France. L'institution des courses de chevaux ; l'introduction des mérinos, etc., etc.

A côté de ces trésors matériels, une reconnaissance éclairée place la religion rétablie et les cultes également protégés ;

La politique rendue à son véritable objet, la civilisation, par les moyens que la philosophie approuve ;

L'art de la guerre (dont d'ailleurs on abusa) simplifié dans les moyens et ennobli par son objet ;

L'art diplomatique relevé aux yeux de la morale par la bonne foi, comme il fut illustré aux

2

yeux de la politique par l'importance des conceptions ;

La législation française étendant et fixant sur presque toute l'Europe l'ascendant qu'avait d'abord arraché la victoire ;

Les finances administrées avec une habileté et par des méthodes admirées et adoptées par tous les gouvernemens ;

L'éducation, l'enseignement, les bonnes doctrines, l'industrie, descendant jusqu'aux classes les plus infirmes de la société ;

Les factions comprimées, ou pour mieux dire éteintes ; les rois raffermis sur leurs trônes, et les peuples, surtout les classes laborieuses, attendant de l'issue du système continental (auquel on reviendra), l'abaissement de la dominatrice du commerce et des mers, et la prospérité du monde.

SOUFFRANCES
DE NAPOLÉON;

FRAGMENT *de la Pétition adressée au Parlement de la Grande-Bretagne, par le Comte* DE LAS-CASES.

Cap de Bonne-Espérance, 1817.

..... Vous avez banni dans les déserts de l'Océan celui dont la magnanime confiance venait LIBREMENT ET PAR CHOIX, vivre au milieu de vous, sous la protection de vos lois qu'il avait cru toute-puissantes. Sans doute vous ne cherchâtes dans votre détermination que ce qui vous semblait utile ? Vous ne prétendîtes pas être justes ? Autrement on vous demanderait : Qui l'avait mis en votre pouvoir ? Qui vous avait donné le droit de le juger ? Sur quoi l'avez-vous condamné ? Qui avez-vous entendu dans sa défense ? Mais vous avez porté une loi..... Elle existe; je la respecte. Je ne suis point qualifié pour discuter ce principe ; je contiendrai tout murmure ; mon protêt ne sortira pas de mon cœur ; vous n'entendrez ici que les maux dont on accompagne vos décisions, et contre vos intentions sans doute.

Représentans de la Grande-Bretagne, vous avez dit ne vouloir que vous assurer de la personne de l'Empereur Napoléon, et garantir sa détention. Cet objet rempli, vous avez entendu qu'on prodiguât tout ce qui pourrait adoucir, alléger ce que vous avez pensé, l'œuvre, l'obligation de la politique : tels ont été l'esprit, la lettre de vos lois, les expressions de vos débats, les vœux de votre nation, les sentimens de son honneur. Eh bien! il n'est parvenu à l'illustre captif, sur son affreux rocher, que la partie sévère de vos intentions : heureux, toutefois encore, si elles n'avaient pas été outre-passées. Mais les nuages qui couronnent son île, sont moins épais et moins sombres que les peines morales et physiques qu'on amoncelle sur sa tête. Sous le prétexte vain d'appréhensions purement imaginaires, chaque jour on a vu de nouvelles restreintes. Son ame fière a dévoré chaque jour de nouveaux outrages. Tout exercice lui est devenu impossible ; toutes visites, toutes conversations se sont trouvées à peu près interdites.

Ainsi, les privations de toute espèce, les contrariétés de toute nature se joignent pour lui à l'insalubrité mortelle d'un climat tout à la fois humide et brûlant, à la fade monotonie d'un ciel sans couleurs ni saisons. On resserre à chaque instant d'une manière effrayante, le cercle de sa vie; il est réduit à garder sa chambre. *On va lui donner la mort!*..... (1)

Avez-vous donc voulu toutes ces choses? Non, sans doute; et quels motifs pourraient les justifier? La crainte d'une évasion? Mais qu'on réunisse des militaires, des marins, des juges capables! Qu'on consulte leurs lumières! Qu'on s'instruise de leurs opinions; et qu'on cesse de livrer un tel objet à l'arbitraire d'un seul homme, qui, pouvant prendre ses terreurs pour guide, ne s'occupera chaque jour qu'à combattre jusqu'aux fantômes que pourra lui créer son imagination frappée, sans songer qu'il ne peut détruire toutes les chances, et parvenir à la dernière qu'en donnant la mort. A Longwood

---

(1) Ce cri de l'amitié a été répété par les médecins, lors de leur consultation. C'est à sa situation, c'est aux vexations dont il a été la proie, qu'ils ont imputé la capacité incurable de sa maladie. Voyez la *Relation* citée.

on tient toute évasion pour impossible, on n'y songe pas. Certes, chacun y voudrait accomplir l'entreprise au péril de sa vie. La mort paraîtrait douce pour un si glorieux résultat. Mais comment tromper des officiers en constante surveillance ; échapper à des soldats bordant le rivage ; descendre des rocs à pic ; se jeter pour ainsi dire à la nage dans le vaste Océan ; franchir une première ligne de bateaux, une seconde de vaisseaux de guerre ; lorsqu'on est dominé de tous les sommets, qu'on peut être environné, suivi de signaux à chaque instant et dans toutes les directions ? Et sur quelles embarcations se hasarderait-on ? Il n'en existe point à portée du rivage. Sur quel bâtiment chercherait-on un refuge ? Il n'en est ni de près ni de loin. Tout étranger, tout national même, devient la proie de vos croiseurs, s'ils s'approchent sans d'urgens motifs de l'île maudite.

Avec de telles précautions et de telles circonstances, l'île entière n'est-elle donc pas une prison suffisamment sûre ? Devrait-il être nécessaire d'y encercler sans cesse des prisons dans des prisons ? Et si, ce qui est impossible, tant de difficultés pouvaient être vaincues, l'immensité des mers, la presque totalité des terres ne demeurent elles pas encore une nouvelle prison ?

Or, qui pourrait porter des hommes dans leur bon sens, à rêver d'aussi ridicules efforts ? Qui pourrait induire, dans Longwood, à des pensées si follement désespérées. Aussi l'Empereur Napoléon en est toujours aux mêmes projets, aux mêmes désirs qu'il exprima lorsqu'il vint avec confiance, *librement et de bonne foi*, au milieu de vous. « Une retraite et du repos sous la protection de vos lois positives ou de celles de l'Amérique ». Voilà ce qu'il voulait ; voilà ce qu'il veut encore, ce qu'il demande toujours.

Si donc l'île de Sainte-Hélène, par sa nature, n'est pas déjà une prison suffisante ; si elle n'a pas l'avantage de faire concourir la sûreté avec les indulgences ; alors, on a trompé votre choix et vos intentions. A quoi bon nous envoyer mourir misérablement dans un climat qui n'est pas le nôtre ? A quoi bon toutes vos dépenses additionnelles ? A quoi bon votre nombreuse garnison et son grand état-major ? A quoi bon votre établissement de mer ? A quoi bon les gênes qu'on impose au commerce de cette île malheureuse ? Il était tant de points dans vos dominations européennes, où vous pouviez nous garder sans frais, et où nous nous serions estimés moins malheureux.

Si cette île, au contraire, par sa nature et à l'aide des précautions exprimées ci-dessus, présentait tout ce que la sagesse, la prudence humaine peuvent croire nécessaire ; alors toutes additions aggravantes ne seraient-elles pas autant de vexations inutiles, d'actes tyranniques et barbares, exécutés contre votre intention ? Car vous n'avez pu vouloir qu'on torturât Napoléon, qu'on le fit mourir *à coups d'épingles* ; et pourtant il n'est que trop vrai qu'il périt par des blessures incessantes de chaque jour, chaque heure, chaque minute.

Si vous n'avez voulu voir en lui qu'un simple prisonnier, et non l'objet de l'ostracisme des rois, ROI LUI-MÊME (1) ; si vous n'avez prétendu lui donner qu'une prison ordinaire, et non choisir un lieu où l'on pût adoucir l'irrégularité de son exil ; si on n'a voulu le confier qu'à un geolier et non à un officier d'un grade éminent,

___

(1) Faut-il répéter jusqu'à satiété : « Qu'il le fut par » l'élection presque totale d'un grand peuple; par la » victoire, les traités, l'adhésion des Rois ; par ses » nombreuses alliances avec presque tous ; par le » consentement exprès du Monde civilisé ; par le sceau » indélébile de la Religion, qu'imprima sur son front » le Pontife vénérable qui en fut l'interprête. »

qui, par ses habitudes des affaires et du monde, sût allier ce qu'il doit à la sûreté du captif avec le respect et les égards que sa dignité commande; si on n'a voulu suivre que la haine, la vengeance et toutes les passions étroites et vulgaires ; si on n'a voulu enfin que confier au climat la mort de l'illustre ennemi, charger la nature d'un acte qu'on n'osait pas exécuter soi-même ; si on a voulu tout cela, je m'arrête, je n'ai plus rien à dire, je n'ai déjà que trop dit. Mais, si dans le sens de votre bill même, vous avez voulu entourer votre acte politique, comme vous l'avez fait en effet, de toutes les intentions d'une grande nation, noble, honorable, je puis continuer ; car vous aurez voulu tout le bien que peut permettre la circonstance ; vous aurez interdit tout le mal que ne commandait pas la nécessité.

Vous n'avez pas voulu qu'on privât le prisonnier de tout exercice, en lui imposant inutilement des conditions ou des formes qui eussent fait de cette jouissance un tourment : vous n'avez pas voulu qu'on lui prescrivît la nature de ses paroles, la longueur de ses phrases ; vous n'avez pas voulu qu'on restreignît son enceinte primitive, sous prétexte qu'il ne faisait pas un usage journalier de son étendue ; vous n'avez pas voulu qu'on le forçât de se réduire à sa chambre, pour ne pas se trouver au milieu des retranchemens et des palissades dont on entoure ridiculement son jardin, etc., etc., etc.

Or, toutes ces choses existent, elles se sont succédées chaque jour, bien qu'elles soient jugées inutiles, et que beaucoup de vos compatriotes les condamnent et en gémissent.

Vous n'avez pas voulu qu'au grand détriment de sa santé, il fût condamné à une mauvaise, petite, incommode demeure, tandis que l'autorité en aurait de grandes et de belles à la ville et à la campagne, qui eussent été beaucoup plus commodes, plus convenables, eussent sauvé l'envoi du fameux palais, ou pour parler plus correctement, de l'immense quantité de madriers bruts pourrissant aujourd'hui sans emploi sur le rivage, parce qu'on a trouvé qu'il faudrait de sept à huit ans pour accomplir la bâtisse projetée ; vous n'avez pas voulu qu'en dépit des sommes que vous y consacrez, les nécessités de la vie, toutes les subsistances fournies journellement à Longwood, fussent du dernier rebut, lorsqu'il en existerait pour d'autres de la meilleure qualité ; vous n'avez pas voulu qu'on poussât l'outrage vis-à-vis de Napoléon, jusqu'à vouloir le forcer de discuter les petits détails de sa dépense ; qu'on le forçât de fournir un surplus qu'il ne possédait pas, ou qu'à défaut on le menaçât de réductions impossibles; qu'on le forçât de s'écrier, dans son indignation, de le laisser tranquille, qu'il ne demandait rien : que, *quand il aurait faim, il irait s'asseoir au milieu de ces braves dont il apercevait les tentes au loin, lesquels ne repousseraient pas le plus vieux soldat de l'Europe* (1); vous n'avez pas voulu que Napoléon se trouvât contraint par-là de vendre son argenterie, pièce à pièce, afin de subvenir à ce qui lui manque chaque mois; et qu'il se trouvât réduit à accepter ce que des serviteurs fidèles étaient assez heureux pour pouvoir déposer à ses pieds.

O Anglais, est-ce ainsi qu'on peut traiter en votre nom, celui qui a gouverné l'Europe, disposé de tant de couronnes, créé tant de rois! Ne craignez-vous pas le cri de l'histoire, et si jamais elle venait à graver :— « Ils l'ont trompé » pour s'en saisir, et puis ont marchandé son » existence ». — Souffrirez-vous qu'on compromette à ce point vos sentimens, votre caractère, votre honneur? Est-ce donc là votre bill, vos intentions ? Et quel rapport de si inconcevables mesures ont-elles avec sa sûreté?

_____

(1) Propres paroles de l'auguste infortuné.

Vous n'avez pas voulu que l'autorité se fît une étude puérile et barbare, dans ses paroles, ses réglemens et ses actes, de rappeler sans cesse ce qu'il eût été délicat de ne mentionner jamais, en nous répétant chaque jour que nous nous abusons étrangement sur notre position, en interdisant sévèrement tout respect inusité ; en punissant même, nous a-t-on dit, celui en qui l'habitude l'aurait laissé échapper ; en restreignant les journaux qui nous parviennent, à ceux qui pourraient nous être les plus désagréables ; en nous procurant volontiers les libelles, et soustrayant ou retenant, au contraire, les ouvrages bienveillans ; enfin, en nous imposant la forme littérale de la déclaration par laquelle nous achetions l'esclavage et le bonheur de soigner un objet révéré, en nous contraignant d'y admettre des dénominations contraires à nos habitudes et à nos lois, se servant ainsi de nos propres mains pour dégrader l'objet auguste que nous entourions. Et toutefois nous avons dû le faire, parce que, sur notre refus universel, nous avons été menacés d'être arrachés tous à notre doux emploi, jetés aussitôt sur un bâtiment, et déportés au cap de Bonne-Espérance. De quel intérêt ces cruelles et tyranniques mesures peuvent-elles être à la sureté ?

On croira avec peine que Napoléon s'informant s'il pouvait écrire au prince régent, l'autorité ait répondu qu'on ne laisserait passer sa lettre qu'en cas qu'elle fût ouverte, ou qu'on l'ouvrirait pour en prendre connaissance ; procédé que réprouve la raison, également injurieux aux deux augustes personnes.

Sainte-Hélène avait été choisie pour nous, avait-il été dit, afin que nous pussions y jouir d'une certaine liberté et de quelques indulgences ; mais nous ne pouvons parler à personne ; il nous est interdit d'écrire à aucun ; nous sommes restreints dans nos plus petits détails domestiques. Des fossés, des retranchemens entourent nos demeures ; une autorité sans contrôle nous gouverne, et l'on avait choisi Sainte-Hélène pour nous procurer quelque indulgence ! Mais quelle prison en Angleterre eût donc pu être pire pour nous ? Certes, il n'en est aucune aujourd'hui qui ne nous semblât un bienfait. Nous nous trouverions en terre chrétienne, nous respirerions l'air européen ; une autorité supérieure, contradictoire, nous mettrait à l'abri des ressentimens personnels, de l'irritation du moment, ou même du défaut de jugement.

Il a été insinué, ou même interdit aux

officiers de votre nation, de ne pas se présenter devant celui dont ils surveillent la garde; il a été défendu aux Anglais même, quel que soit le rang ou la confiance qu'ils possèdent, de nous approcher et de s'entretenir avec nous sans des formalités qui équivalent à une interdiction, dans la crainte que nous leur dépeignissions les mauvais traitemens dont on nous accable ; précaution inutile à la sûreté, mais qui prouve l'inquiète attention qu'on met à nous empêcher de faire parvenir la vérité. On nous a fait un crime de nos efforts à ce sujet, comme si, de vous la faire parvenir, surtout quand elle intéresse votre honneur, votre caractère, n'était pas bien mériter de vous.

Certes, vous n'avez pas voulu qu'on portât la tyrannie sur nos pensées et nos sentimens, au point de nous insinuer que si nous continuions à nous exprimer librement dans nos lettres à nos parens, à nos amis, nous serions arrachés d'auprès de Napoléon et déportés hors de l'île, circonstance qui a précisément amené ma déportation, en me portant à faire passer clandestinement les lettres mêmes que j'avais d'abord destinées pour le gouverneur, et que je lui aurais envoyées sans son inquiétante investigation, investigation gratuitement tyrannique, puisque ces lettres étaient envoyées ouvertes aux ministres, accompagnées au besoin des notes de l'autorité locale; qu'elles pouvaient être retenues par les ministres si elles étaient inconvenables, ou livrées même aux lois, si elles étaient criminelles, et que dans tous les cas, elles devaient avoir le mérite à leurs yeux d'être un moyen de plus d'obtenir la vérité.

Certes, vous n'avez pas voulu que ceux qui avaient obtenu la faveur de demeurer auprès de Napoléon, se trouvassent en dedans des lois pour leur sévérité, et fussent jetés en dehors pour leurs bienfaits. C'est pourtant ce qui nous a été positivement signifié. Vous n'avez pas voulu qu'on saisît mes papiers les plus secrets et les plus sacrés, et que bien que je les eusse fait parcourir sommairement pour en faire connaître la nature, on m'en séparât, on me refusât d'y apposer mon sceau. Vous n'avez pas voulu qu'on se fît sur ma personne un jeu barbare de ce qu'il y a de plus saint et de plus sacré parmi vous; qu'au mépris de mes constantes réclamations, d'être rendu à la liberté ou livré aux tribunaux; qu'en dépit de mes offres répétées de me soumettre volontairement d'avance à toutes les précautions même arbitraires qu'on voudrait m'imposer en Angleterre, on me retînt captif à Sainte-Hélène; on m'envoyât de cette île au cap de Bonne-Espérance, pour me faire revenir avec le temps, du cap vers Sainte-Hélène ; me promenant ainsi prisonnier sur la vaste étendue des mers, dans de frêles bâtimens, au grand détriment de la santé de mon fils, dont la vie était en danger; au péril de la mienne qu'on a affligée d'infirmités qui doivent m'accompagner au tombeau, si toutefois elles ne m'y précipitent avant le temps.

Vous n'avez pas voulu, qu'arrivé au Cap, l'autorité m'y retînt arbitrairement, sans discussion, sans examen, sans information, et m'y fît sécher dans les angoisses de la douleur, de l'attente et du désespoir, sous le prétexte ridicule d'envoyer à 2000 lieues, demander à mes juges naturels, aux ministres auxquels je sollicitais si vivement d'être livré, si l'on ferait bien de m'envoyer à eux, en exécutant déjà sur moi, par ce seul fait, une sentence mille fois plus terrible que ne saurait être celle de tous les juges: savoir, de me priver durant plusieurs mois de ma liberté ; de me retenir tout ce temps captif aux extrémités de la terre, séparé de ma famille, de mes amis, de mes intérêts, de tous mes sentimens ; consumant péniblement dans le désert, le peu de jours qui me restent. Certes, sous l'empire des lois positives,

on

on ne saurait se jouer tyranniquement ainsi de la liberté, de la vie, du bonheur des individus.

O Anglais, si de tels actes demeuraient impunis, vos belles lois ne seraient plus qu'un vain nom ! vous porteriez la terreur aux extrémités de la terre, et il ne serait plus ni liberté, ni justice au milieu de vous.

Tels sont les griefs que j'avais à vous faire connaître, et qui sont développés avec d'autres encore, dans une lettre ci-jointe (1) qu'en quittant Ste.-Hélène, j'ai remise à l'autorité, dans l'espoir qu'elle pourrait lui faire faire un retour sur elle même.

Beaucoup de ces griefs, eussent mérité peut-être, que nous ne voulussions pas les apercevoir ; toutefois, je me suis fait la violence de vous les exposer : il n'en est pas de si petit qui n'intéresse votre honneur !

Et quelles peuvent être les causes de pareilles mesures ? d'où peuvent venir ces graduelles attaques, ces incessantes aggravations ? comment les aura-t-on justifiées ? Nous l'ignorons.

---

(1) Cette lettre ne nous est jamais parvenue ; il est à croire que c'est le document qu'on a publié à Londres, sous le titre de *Griefs de Longwood*, adressés à sir H. Lowe, par le comte de Las-Cases.

Ce n'est pas, du reste, qu'à Sainte-Hélène, l'autorité conteste le péril de la santé du captif, l'imminent danger de sa vie, la probable et prompte issue d'un tel état de choses : « Mais » c'est lui qui l'aura voulu, se contente-t-on de » dire froidement, ce sera sa faute. » Mais y prend-t-on bien garde ? confesser que Napoléon cherche la mort, n'est-ce pas confesser qu'on lui rend la vie intolérable ? « D'ailleurs, con-» tinue-t-on, pourquoi se refuser à prendre » l'exercice nécessaire, parce qu'un officier doit » accompagner ? Qu'a donc cette formalité de » si heurtant, de si pénible ! pourquoi s'obs-» tiner à en faire une si grande affaire ? » Mais qui peut se croire le droit de juger des sensations de l'illustre victime ? Napoléon se prive et se tait. Que veut-on de plus ? Du reste, on l'a répété cent fois, ce n'est ni la couleur de l'habit, ni la différence de nation qui crée la répugnance, mais la nature de la chose en elle-même et ses effets inévitables. Si dans un pareil exercice, le bénéfice du corps demeurait de beaucoup au dessous des souffrances de l'esprit, cet exercice serait-il un avantage ?.....

» Représentans de la Grande-Bretagne, prenez cet état de choses en considération. La justice, l'humanité, votre honneur, votre gloire vous le demandent. Sainte-Hélène est insupportable ; *son séjour équivaut à une mort certaine et préméditée* (1) ; vous ne voudrez pas vous en rendre responsable aux yeux des siècles. Napoléon fut vingt ans votre terrible ennemi. Souvenez-vous d'*Annibal* et *de l'Infamie Romaine* : vous ne voudrez pas souiller d'une pareille tache, les belles pages de votre histoire. Sauvez à votre administration, l'odieuse, l'horrible inculpation d'avoir trafiqué du sang du prisonnier ; l'histoire en fournit plusieurs exemples ; tous nous font horreur, et quel plus grand caractère encore ne serait pas réservé à celui-ci ! car il est aisé de le prédire : *quand Napoléon ne sera plus, quand on pourra croire le malheur accompli ; alors Napoléon deviendra l'homme des peuples ; alors il ne sera plus que la victime, le martyre d'une politique ombrageuse.*.... Ainsi le voudra la marche inévitable de la force des choses, du sentiment des hommes. Sauvez nos annales modernes d'un tel scandale, et de ses dangereuses conséquences.

Sauvez l'autorité de ses propres aveuglemens ; sauvez les intérêts les plus sacrés des grands Monarques, au nom desquels la victime est re-

―――――

(1) Le pronostic, devenu prophétie par l'événement, s'est accompli !

tenue ; sauvez la Majesté royale dans le premier de ses attributs, le plus saint de ses caractères, son *inviolabilité*. Si les Rois, eux-mêmes, portent la main sur ces représentans de Dieu sur la terre, quel frein, quel respect prétendraient-ils opposer aux attentats des peuples ? Il n'est point ici-bas de prospérité à l'abri du temps et de la fortune ; le cercle des vicissitudes enveloppe tous les trônes ; cette cause est la cause des Rois, présens et à venir. » *Un oint du Seigneur dégradé, avili, torturé, immolé, ne peut, ne doit être qu'un objet d'indignation, d'horreur, pour l'histoire, de frémissement pour les Rois.* »

Rappelez Napoléon au milieu de vous ; laissez-le venir trouver le repos sous la protection de vos lois. Qu'elles jouissent de leur insigne hommage ! Ne les privez pas de leur plus beau triomphe ! Et qui pourrait vous arrêter ?

Serait-ce votre première décision ? Mais en le rappelant, vous montreriez à tous les yeux, que vous ne fûtes alors guidés que par la force des circonstances, la loi de la nécessité.

Serait-ce votre repos intérieur ? Mais la pensée en serait insensée, le doute une injure, un outrage à vos institutions, à vos mœurs, à toute votre population.

Serait-ce la sureté de l'Europe ? Mais les vérités de circonstance n'ont qu'un temps, et ce n'est qu'au vulgaire qu'il appartient de les perpétuer, de les mettre en avant, long-temps après qu'elles n'existent plus. Napoléon, dans sa toute-puissance, pouvait être l'effroi de l'Europe ; réduit à sa seule personne, il ne peut plus en être que l'étonnement, la méditation. Et en bonne foi, que pourrait-il aujourd'hui, même avec du pouvoir, contre la sureté de la Russie, celle de l'Autriche, de la Prusse et la vôtre ?

Enfin, serait-ce ses arrière-pensées qu'on pourrait craindre ? Mais Napoléon n'en a d'autres aujourd'hui que celles du repos. A ses propres yeux, dans sa propre bouche, sa prodigieuse carrière a déjà toute la distance des siècles. Il ne se croit plus de ce monde ; ses destinées sont accomplies. Pour une ame d'une telle élévation, le pouvoir n'a de prix que pour conduire à la célébrité, à la gloire. Or, quel mortel en accumula davantage sur sa tête ? La mesure n'en semble-t-elle pas au-dessus de l'imagination des hommes ? Ses revers même n'ont-ils pas été pour lui des sources abondantes ? Existe-t-il rien de poétique comme l'expédition d'Egypte et le retour de l'île d'Elbe ? Et quelle apothéose, s'il venait à succomber aujourd'hui, lui préparent les regrets d'un grand peuple? Parmi vous, un grand nombre avez traversé nos provinces, pénétré dans nos foyers : vous connaissez nos secrets, nos sentimens. Si la patrie lui était moins chère que la gloire, qu'aurait-il à désirer après ce qu'il a laissé en arrière? L'âge auquel il est parvenu, sa santé perdue, le dégoût des vicissitudes, peut-être celui des hommes, la satiété sur-tout des grands objets qu'on poursuit ici bas, ne lui laisse plus rien de neuf aujourd'hui, de désirable, qu'un asile tranquille, un heureux et doux repos. Il vous les demande, Anglais, et vous les lui devez; vous les devez à l'héroïque magnanimité avec laquelle il vous donna la préférence sur tous ses autres ennemis. Sachez, osez, veuillez être justes. Rappelez-le, et vous aurez consacré la seule gloire qui semble manquer à votre condition présente. Les admirateurs, les vrais amis de vos libertés et de vos lois l'attendent de vous; ils le réclament. Vous avez mis en défaut ceux qui se plaisent à vanter tous les biens qui découlent de votre belle institution. — « Où est donc, disent vos adversaires, avec une ironie triomphante, cette générosité, cette élévation de sentiment, cette inflexibilité de principes, cette moralité publique, cette force d'opinion que vous nous disiez, chez ce peuple libre,

être en quelque sorte supérieur à la souveraineté même ? Où sont les fruits tant vantés de ce sol classique des institutions libérales ? Tout ce pompeux échafaudage, ces peintures imaginaires, ont donc disparu devant les dangers qu'avait fait courir un seul homme, ou bien encore devant la haine et la vengeance qu'il a laissées après lui. Et qu'aurait fait de plus ce pouvoir absolu que nous défendons et que vous décriez tant? Il eût fait moins peut-être, mais bien sûrement il n'eût pas pu faire davantage. Il se fût montré sensible, sans doute, à la noble et magnanime confiance de son ennemi; ou s'il se fût décidé, parce que la chose lui eût été utile, il eût mis du moins plus d'énergie, de franchise, d'élévation, dans son injustice. Il ne se fût pas abaissé, pour pallier son tort aux yeux des peuples, à y associer gratuitement ses voisins. Il eût évité surtout de se laisser envelopper dans ce dilemme accablant : ou, quand vous avez conclu votre inique traité d'ostracisme, la victime n'était pas encore en votre pouvoir, et vous avez eu la lâcheté de lui tendre la main pour vous en saisir; ou vous la teniez déjà, et vous avez sacrifié votre gloire, l'honneur de votre pays, la sainteté, la majesté de vos lois, à des sollicitations étrangères. »
Anglais, pour pouvoir répondre, vos amis sont

obligés de se retourner vers vous ; ils attendent... Pour moi, malgré une funeste expérience de deux ans, telle est encore ma confiance en vos principes, que je compte toujours sur votre justice ; et j'ai osé parler devant vous, ne consultant que mon cœur, persuadé que ce serait du milieu de vos rangs mêmes que je verrais s'élever la défense et les talens dignes de cette grande et belle cause.

Quoi que vous décidiez du reste, mes destinées à moi sont arrêtées. Où que demeure la victime, je veux aller porter à ses pieds le peu de jours qui me restent encore, et dans ce tribut du sentiment, je croirai n'avoir rien fait que pour moi. Quand je le suivis d'abord, j'obéissais plutôt à l'honneur ; je suivais la gloire : mais aujourd'hui je pleure loin de lui les qualités du cœur qui attachent l'homme à l'homme. Combien de vos compatriotes l'ont approché! Ils vous diraient tous la même chose. Qu'on les consulte! Anglais, est-ce donc là l'homme dont on vous a fait la peinture? Est-ce bien avec connaissance de cause que vous avez prononcé sur son sort?

Signé le Comte DE LAS-CASES.

Imprimerie de Madame Veuve PORTHMANN, Rue Sainte-Anne, n° 43.

www.ingramcontent.com/pod-product-compliance
Lightning Source LLC
Chambersburg PA
CBHW061003050426
42453CB00009B/1239

ALPHABET MIGNON

BIBLIOTHÈQUE MIGNONNE

SIX VOLUMES

ALPHABET
MIGNON

AVEC

EXERCICES DE LECTURE GRADUÉS

PARIS
AMÉDÉE BÉDELET, ÉDITEUR
14, RUE SÉGUIER

LETTRES MAJUSCULES

A B C

D E F

G H I

J K L

M N O

P Q R

S T U

V X Y Z

LETTRES MINUSCULES

a b c d e

f g h i j

k l m n o

p q r s t

u v x y z

LETTRES ANGLAISES

A B C D

E F G H

I J K L

M N O P

Q R S T

U V X Y Z

LETTRES RONDES

a b c d e f

g h i j k l

m n o p q r

s t u v x y z

LETTRES GOTHIQUES

𝔄 𝔅 ℭ 𝔇

𝔈 𝔉 𝔊 ℌ

ℑ 𝔍 𝔎 𝔏

𝔐 𝔑 𝔒 𝔓

𝔔 ℜ 𝔖 𝔗

𝔘 𝔙 𝔛 𝔜 ℨ

ALPHABET MIGNON

A a

Aspect
Agreste

B b

Bon
Bouvier

C c

Canards
Chantant

D d

Dédaigneux
Dindon

E e

Épais
Eléphant

F f

Faucon
Fidèle

G g

Gazelle
Gracieuse

H h

Heureux
Hameçon

I i

Ingénieux
Iroquois

J j

Jolis
Jeux

K k

Kalmouck
Kirguis

L l

Louable
Leçon

M m

Moutons
Mangeant

N n
Navire
Naviguant

O o
Ouragan
Obstiné

P p
Paons
Prétentieux

Q q
Qui-vive

R r
Rondes
Rustiques

S s
Serpent
Sifflant

T t
Toupie
Tournant

U u
Uniformes
Utiles

V v
Vautours
Voraces

X x
Xandarus
Heureux

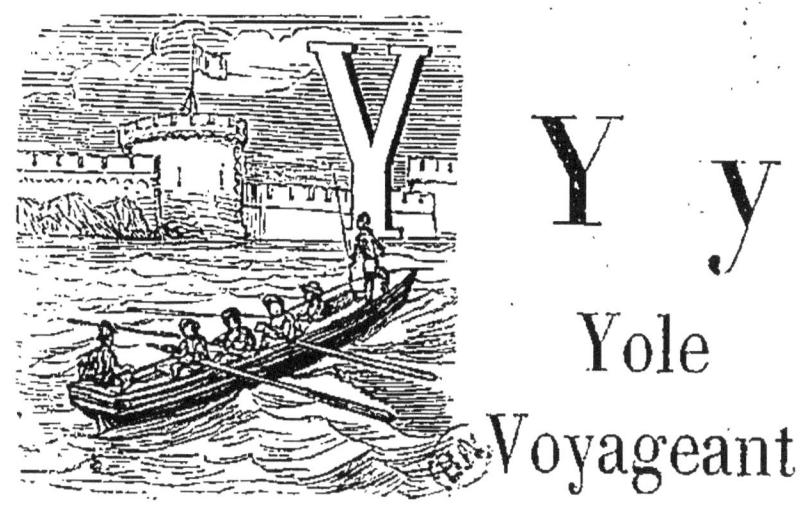

Y y

Yole
Voyageant

Z z

Zèbre

1ᵉʳ EXERCICE

Ba, be, bi, bo, bu.
Ca, ce, ci, co, cu.
Da, de, di, do, du.
Fa, fe, fi, fo, fu.
Ga, ge, gi, go, gu.

Ha, he, hi, ho, hu.
Ja, je, ji, jo, ju.
Ka, ke, ki, ko, ku.
La, le, li, lo, lu.
Ma, me, mi, mo, mu.
Na, ne, ni, no, nu.
Pa, pe, pi, po, pu.
Qua, que, qui, quo, qu.
Ra, re, ri, ro, ru.
Sa, se, si, so, su.
Ta, te, ti, to, tu.
Va, ve, vi, vo, vu.
Xa, xe, xi, xo, xu.
Za, ze, zi, zo, zu.

CHIFFRES ROMAINS

1 2 3 4 5 6 7
8 9 0

CHIFFRES ARABES

I II III IV V VI
VII VIII IX X

JOURS DE LA SEMAINE :

Lundi   Mardi

Mercredi   Jeudi

Vendredi   Samedi

Dimanche

2ᶜ EXERCICE

VOYELLES

a, e, i, o, u, y.

CONSONNES

b, c, d, f, g, h, j, k, l, m, n, p, q, r, s, t, v, x, z.

TROIS MANIÈRES DE PRONONCER E

e muet.   é fermé.   è ouvert.

Leçon, Parole.   Bonté, Café.   Père, Mère.

ACCENTS

Aigu   Grave   Circonflexe sur â ê î ô û

Été.   Prière.   Pâte, fête, gîte, trône, flûte.

3ᵉ EXERCICE

MOTS D'UNE SYLLABE

bas, cou, dé, eau, feu, gras, haut, jeux, œil, main, pain, vin, yeux,

MOTS DE DEUX SYLLABES

pou-pée, bon-net, plu-me cha-peau, voi-le, ru-ban, che-veux, mou-choir bou-cle, man-che, ba-gue, bi-jou, sa-tin, ve-lours.

MOTS DE TROIS SYLLABES

ta-bli-er, é-char-pe, bro-de-quin, sou-li-er, man-chet-tes, cein-tu-re, bra-ce-let, col-li-er, ro-set-te.

MOTS DE QUATRE SYLLABES

gar-ni-tu-re, pé-le-ri-ne, col-le-ret-te, ca-mi-so-le, ca-che-mi-re, pa-la-ti-ne.

C'est Dieu qui a fait toutes choses : c'est donc lui qui vous a donné les bons parents qui vous aiment et ont tant de soin de vous; c'est lui qui fait croître les fruits, le lin et le chanvre, la laine des agneaux et tout ce qui sert à vous faire du linge et des habits. Vous devez donc l'aimer comme on aime son père, craindre de l'offenser, et le remercier chaque jour.

Puisqu'il est notre père à tous, vous devez aimer tous ceux que vous connaissez comme on aime ses frères; les consoler lorsqu'ils pleurent, partager avec eux votre pain lorsqu'ils ont faim, et leur donner des habits lorsqu'ils ont froid. Dieu a dit : « Faites aux autres ce que vous voudriez qu'ils fissent pour vous-mêmes.

Dieu veut que vous soyez obéissants envers vos parents; il a dit : « Honorez votre père et votre mère afin que vous viviez longtemps sur la terre. »

LA RÉCRÉATION

Quand le petit Alfred est bien sage, son papa le conduit au Luxembourg; il voit les soldats faire l'exercice. On lui a acheté un fusil, un sabre et une giberne ; il porte les armes et fait aussi la manœuvre à cheval. Alfred n'est pas poltron, aussi quand il sera grand, il deviendra général.

LA RÉCOMPENSE

Si la petite Camille est bien gentille, sa maman lui donnera une belle poupée, qui aura une robe de satin rose, une écharpe de dentelle, une plume à son chapeau, une chaîne d'or à son cou et une ombrelle à la main. Elle aura pour tous les jours un tablier de soie et des bonnets tout garnis de rubans.

LA CIGALE ET LA FOURMI

La cigale ayant chanté,
    Tout l'été,
Se trouva fort dépourvue,
Quand la bise fut venue.
Pas un seul petit morceau
De mouche ou de vermiceau.
Elle alla crier famine,
Chez la fourmi sa voisine,
La priant de lui prêter
Quelques grains pour subsister
Jusqu'à la saison nouvelle.

« Je vous paierai, lui dit-elle,
Avant l'août, foi d'animal,
Intérêt et principal. »
La fourmi n'est pas prêteuse,
C'est là son moindre défaut.
« Que faisiez vous au temps chaud, »
Dit-elle à cette emprunteuse,
Nuit et jour à tout venant.
« Je chantais, ne vous déplaise,
— Vous chantiez, j'en suis fort aise,
Eh bien, dansez maintenant ! »

LE CORBEAU ET LE RENARD

Maître Corbeau, sur un arbre perché,
 Tenait en son bec un fromage.
Maître Renard, par l'odeur alléché,
 Lui tint à peu près ce langage :
 « Eh ! bonjour, monsieur du Corbeau !
Que vous êtes joli, que vous me semblez beau !
 Sans mentir, si votre ramage

Se rapporte à votre plumage,
Vous êtes le phénix des hôtes de ces bois. »
A ces mots, le corbeau ne se sent pas de joie ;
Et, pour montrer sa belle voix,
Il ouvre un large bec, laisse tomber sa proie.
Le renard s'en saisit, et dit : « Mon bon monsieur,
Apprenez que tout flatteur
Vit aux dépens de celui qui l'écoute :
Cette leçon vaut bien un fromage, sans doute. »
Le corbeau, honteux et confus,
Jura, mais un peu tard, qu'on ne l'y prendrait plus.

BIBLIOTHÈQUE MIGNONNE

6 VOLUMES

LA PETITE ARCHE DE NOÉ

LES ŒUFS DE PAQUES

LES SURPRISES DU PETIT NOÉ

LE GROS LOT DE LA PETITE LOTE

VOYAGES DE BOB L'ÉCUREUIL

www.ingramcontent.com/pod-product-compliance
Lightning Source LLC
Chambersburg PA
CBHW061003050426
42453CB00009B/1238